AF381572

Werner Ehlen

Zentrum christlichen Glaubens

Brauchen wir die katholische Hierarchie?

Impressum

Copyright © 2023 Werner Ehlen
Titelbild erstellt mit wortwolken.com
Bilder © Werner Ehlen
Herstellung und Verlag:
BoD – Books on Demand, Norderstedt
ISBN 9 783 734 79445 2

Bibliografische Information der Deutschen Nationalbibliothek: Die Deutsche Nationalbibliothek verzeichnet diese Publikation in der Deutschen Nationalbibliografie; detaillierte bibliografische Daten sind im Internet über dnb.dnb.de abrufbar.

Inhalt

Vorwort

Nachdem ich mich in mehreren Büchern bereits kritisch mit „Glaube und Kirche, Gott und Welt" auseinandergesetzt habe, möchte ich in diesem Buch versuchen, meinen persönlichen, positiven Glaubensansatz darzustellen.

Da ich gut katholisch in Niederbayern aufgewachsen bin, ist mein Glaube natürlich von all diesen Erfahrungen geprägt, durchwachsen.

Schon allein dieser Satz zeigt meines Erachtens auch, wie vermessen und irrational es ist, wenn eine Religion oder Kirche beansprucht, die (einzig) richtige Lehre zu vertreten, mehr von Gott zu wissen als eine andere Glaubensrichtung.

Denn wäre ich in Indien geboren, wäre ich vermutlich Anhänger des Hinduismus. Oder um gedanklich weniger weit weg zu reisen: Wäre ich in der ehemaligen DDR geboren worden, würde ich mich vermutlich sehr schwer damit tun, an Gott, in welcher Gestalt auch immer, zu glauben.

Zugleich zeigt dies auch die Grenzen der „Allmacht Gottes" bereits gut auf. Denn warum sollte es all diese Ausformungen des Glaubens und Nichtglaubens geben, wenn Gott es in der Hand hätte, dass alle an ihn (den katholischen Gott) glauben. – und trotzdem ihre persönliche Freiheit behalten? Denn das ist der Knackpunkt, das Dilemma der göttlichen Allmacht.

Dass ich von dem, was ich im Folgenden beschreiben werde, so fest überzeugt bin, liegt zum Einen wie schon beschrieben an meiner Sozialisation, zum Anderen an meinem Studium der Religionspädagogik und lebenslangen Beschäftigung mit Glaube und Theologie. Neben vielen, vielen Fortbildungen, die ich während meiner beruflichen Laufbahn als Gemeindereferent und privat besuchen durfte, ist es vor allem die Beschäftigung mit theologischer Literatur, die mich dorthin gebracht hat, wo ich heute bin. Dabei gilt natürlich, dass man sich meist mit dem beschäftigt, was der eigenen Gedankenwelt zuträglich ist, aber ich wage zu behaupten, dass ich mich durchaus auch mit gegensätzlichen Positionen beschäftigt habe.

Doch zurück zum eigentlichen Anliegen meines Buches.

Wie steht es um meinen ganz persönlichen Glauben? Grundlage meines Glaubens, die Quelle, aus der ich meine Überzeugungen beziehe, ist

1. Die Bibel

DIE Grundlage meines Glaubens ist die Bibel, das, was wir in ihr im Alten und Neuen Testament von Gott erfahren.

Diese Aussage benötigt sofort eine Erläuterung. Denn die Bibel wird auf unendlich viele Arten und Weisen gelesen, ausgelegt, verstanden, oft auch missbraucht.

Für mich ist die Bibel die Geschichte Gottes mit den Menschen, eine Sammlung von Erfahrungen, die Menschen ganz subjektiv mit „ihrem Gott" gemacht haben.

Sie ist ganz sicher nicht wortwörtlich zu verstehen, da solche Erfahrungen oft gar nicht in Worte zu fassen sind und überwältigende Erfahrungen immer dazu verführen, sie in der Erzählung aufzubauschen, auszuschmücken und zu übertreiben.

Deshalb finden wir viele einfach „unglaubliche" Ereignisse in der Bibel. Nicht, weil sie gelogen wären, sondern aus dem Bestreben heraus, der erfahrenen Größe Gottes gerecht zu werden.

Wir finden viele Gedichte und „Lieder" in der Bibel, die von vornherein keine „Tatsachen" berichten wollen Die beiden Schöpfungserzählungen gleich am Anfang der Bibel sind ein gutes Beispiel dafür. Sie sind ein Hymnus an den Schöpfergott. Das ist schon erkennbar an den sieben „Strophen", die wie ein Lied aufgebaut sind. Daraus dann eine Erbsündenlehre zu entwickeln und die Nachrangigkeit der Frau, geht zu 100 Prozent an den Aussagen der Texte vorbei.

Ähnlich ist die Geschichte vom Auszug aus Ägypten zu bewerten: Hier geht es nicht um die Grausamkeit Gottes oder darum, was für ein genialer Feldherr Gott ist, sondern um die Erfahrung, dass dieser Gott ein Retter-Gott ist, ein Gott, der immer auf der Seite der Unterdrückten, Versklavten und Benachteiligten steht. Um dies zu in aller Radikalität zu erzählen, lesen wir dann vom Tod aller Erstgeburt der Ägypter und 600.000 toten Ägyptern nach dem Durchzug durch das Rote Meer.

Beides Dinge, die nie geschehen sind, sondern die Größe Gottes zeigen wollen.

Nebenbei: Zahlen in der Bibel sind nie als mathematische Größenangaben in unserem Verständnis zu verstehen, sondern immer Symbolzahlen, bedeuten immer etwas anderes und mehr als ihren „Zahlenwert".

Der Reichtum der Bibel, der sich einem eröffnet, wenn man den Wortlaut verlässt und etwas tiefer blickt, fasziniert mich seit Jahren und jeden Tag neu!

2. Gott

Ich treffe immer wieder auf Leute, die an Dinge glauben, die mir völlig unverständlich sind – Astrologie, Horoskope, Dämonen, Geister, bis hin zum Teufel. Nur mit dem Glauben an Gott tun sich die meisten von ihnen schwer. Ich finde das komisch. Natürlich kann man Gott nicht beweisen, aber das kann man die oben genannten Dinge ganz sicher auch nicht.

Dabei gibt es für mich ein ganz einfaches „Rezept", entsprechend der „Ringparabel" von Lessing: Es einfach einmal zu versuchen mit dem Glauben an einen liebenden Gott. Und wenn einem dieser Glaube guttut, leben hilft, dann würde ich damit weitermachen. Denn was macht es aus, wenn sich dieser Glaube als falsch erweisen würde? Man hätte trotzdem besser gelebt als ohne ihn. Für mich ist dies eine meiner tiefsten Überzeugungen: Dass es Gott gibt. Davon bin ich so felsenfest überzeugt, dass mir das Wort Glaube schon fast zu schwach dafür vorkommt. Aber mit dem Wort „Gott" ist natürlich noch nicht allzu viel ausgesagt. Wie kann ich den Gott, an den ich glaube, also noch genauer beschreiben?

2.1 Der allmächtige Gott

Der Gott, an den ich glaube, ist allmächtig, Er ist der Schöpfer Gott, der all das, was es gibt, geschaffen hat. Das schreibt und liest sich leicht. Um ein wenig zu verdeutlichen, welch ungeheuerliche Überzeugung sich hinter dieser Aussage verbirgt, habe ich auf der nächsten Seite zwei Bilder dieser Schöpfung abgedruckt.

Ungefähr 100 Milliarden Sonnen wie die unsere bilden die Andromedagalaxie, die uns nächste „Sterneninsel" (oben), 160 Milliarden die „Whirlpoolgalaxie" (unten).

Und man geht davon aus, dass es eine Billion (!) solcher Galaxien, Sternenansammlungen gibt.

All das ist vor 13,7 Milliarden Jahren in einem nach wie vor (und vermutlich auf immer) ungeklärten Prozess entstanden und hat auf Grund der Naturgesetze dazu geführt, dass es uns gibt.

Und, wie gesagt, ich glaube, dass hinter dieser völlig unbegreiflichen Schöpfung Gott steht. Ob er der „Anlass" für diesen „Urknall" war oder wie auch immer oder auch nicht er dabei aktiv war, ich glaube, dass diese unbegreifliche Schöpfung auf ihn zurückgeht, und das verstehe ich unter „Allmacht".

2.2 Gott Vater

Oder besser gesagt, der personale Gott. Ich glaube, dass dieser allmächtige Gott um mich weiß, mich kennt, mich beim Namen ruft, wie es in der Bibel so oft und schön heißt.

Das heißt jetzt wieder nicht, dass er mich lenkt und vor allem Unheil beschützt. Er hat mich in die (oft schwer zu ertragende) Freiheit entlassen, in der ich für mich selbst, für mein Leben und meine Welt verantwortlich bin.

Er greift nicht ein, wenn wir vor lauter Verbohrtheit und Dummheit einen Krieg beginnen, er belohnt uns nicht mit einem langen Leben, wenn wir brav jeden Sonntag in die Kirche gehen, aber es ist ihm nicht egal, was wir tun.

Dieser Gott ist ein liebender Vater, der über unsere Dummheiten nur nachsichtig (vielleicht auch verzweifelt) den Kopf schüttelt und uns am Ende unserer Tage liebend in seine Sphäre aufnehmen wird.

Von daher brauche ich keine Angst vor der Zukunft zu haben, denn meine Zukunft liegt in Gott. Egal, wie gut oder schlecht ich gelebt habe, was ich angestellt habe, ich rechne mit Gottes verzeihender Liebe.

Und weil ich diesen „lieben Gott" natürlich nicht enttäuschen will, nicht will, dass er allzu oft über mich den Kopf schütteln muss, versuche ich, „gottgefällig" zu leben. Und das heißt jetzt nicht zuerst einmal in die Kirche, in die Synagoge, die Moschee oder in den Wald zu gehen und zu beten, sondern das heißt den Nächsten lieben wie mich selbst. Nicht mehr und nicht weniger.

Zu dieser Nächstenliebe gehört dann natürlich auch das Engagement in den Bereichen, in denen es gerade „brennt", sei es die Flüchtlingsproblematik, die Umweltzerstörung, die Klimakatastrophe oder sonst ein Bereich, in dem ich nötig bin.

Das, was in der „Kirche", in Liturgie, Gottesdienst, Gebet geschieht, ist für mich, für uns Menschen wichtig, nicht für Gott. Gott braucht uns nicht dafür, seine Größe bestätigen zu lassen, ER ist auch ohne unser Lob groß und gut.

Liturgie, gemeinsames Feiern tut mit gut; allein bin ich schnell „in der Irre", koche mir „ein eigenes Süppchen" (siehe Kap. 5)

Alles andere ist Beiwerk, „on the top", aber nicht wesentlich. Und damit meine ich wirklich ALLES andere – alle „Erkenntnisse" der Dogmatik, den Großteil der Theologie, das Kirchenrecht, einfach alles, was uns von diesen wesentlichen Punkten einfach nur ablenkt.

3. Jesus

Neben der Bibel in ihrem unendlichen Reichtum von der Botschaft Gottes ist es vor allem Jesus, der den Kernpunkt meines Glaubens und vor allem auch Christ-seins ausmacht.

Allerdings der Jesus, der meines Erachtens in der kirchlichen Verkündigung zu kurz kommt, dem zu wenig Beachtung geschenkt wird. Dem „irdischen" Jesus mit seiner überwältigenden Botschaft vom liebenden Gott, mit seinen vielen Zeichenhandlungen, in denen er diese Botschaft anschaulich machte.

Mit dieser Botschaft geschieht für mich Erlösung, diese Botschaft nimmt mir die Angst vor dem Leben und dem Tod.

Ich brauche für meinen Glauben keinen Erlösungstod am Kreuz, nicht einmal die Auferstehung – seine Botschaft und sein Leben sind mir Erlösung und Auferstehung genug.

4. Hl. Geist

Vermutlich wundert es niemand, der bis hierher gelesen hat oder auch meine anderen Bücher kennt, dass ich auch zum „Hl. Geist" meine eigenen Ansichten habe. Das „Theologische Konstrukt" der Dreifaltigkeit mit Gott Vater – Gott Sohn – Gott Hl. Geist ist natürlich „schön", aber eben auch nicht mehr. Mein Glaube an die Größe und Allmacht Gottes folgt unmittelbar aus der Anschauung der Schöpfung (siehe oben), mein Glaube an das Wesen Gottes als Liebe folgt aus der Botschaft Jesu, und alles darüber hinaus ist wie gesagt konstruiert, mal mehr, mal weniger zwanghaft überlegt, hat aber nicht viel mehr „Beweiskraft" für mich wie Dämonenbeschwörungen und Geistererscheinungen.

Trotzdem glaube ich an ein Wirken Gottes in dieser Welt, glaube ich, dass wir seine Kraft in Anspruch nehmen können, und diese Kraft kann man gern als Hl. Geist bezeichnen. Ich meine damit nicht, dass Gott auf Grund eines „Wettersegens" für gutes Wetter sorgt (wobei ihn ja schon die Vorstellungen, was gutes Wetter ist, handlungsunfähig machen würden – Regen für die Landwirtschaft und Sonnenschein für die Urlauber) oder wegen einer Fürbitte für Frieden sorgt, sondern dass ich mir bei Gott Kraft holen kann für meinen Einsatz für Frieden und Gerechtigkeit. Darum kümmern muss ich mich schon selbst!

5. Liturgie, Eucharistie

Zweifelsohne braucht der Mensch Gemeinschaft, braucht als leibhaftes Wesen einen körperlichen Ausdruck für seine innersten Überzeugungen. Dieses Bedürfnis findet in allen Religionen in rituellen Handlungen und Ritualen seinen Ausdruck. Seien es Gebetshaltungen, seien es die unterschiedlichsten Gottesdienstformen. Seinen Glauben eremitenhaft allein zu leben, geht zwar, ist aber ungleich schwerer als in Gemeinschaft. In meinem ganzen spirituellen Werdegang waren es immer auch die durch freundschaftliche Bande verbundenen Gruppen, die mich religiös nährten und an den Glauben banden. Angefangen von der Kirchlichen Jugendarbeit über die „Kerngemeinde" in den Pfarreien, in denen ich als Gemeindereferent tätig war bis hin zum kritisch-engagierten Kollegenkreis, in dem ich momentan Heimat finde. Neben diesen Gemeinschaftserfahrungen tun mir all die Riten und Rituale gut, die mich aufbauen, mir die Liebe Gottes zusichern und zusprechen. Als kleines Beispiel nenne ich das inzensieren („beweihräuchern") der ganzen Gemeinde, des Volkes

Gottes im Sonntagsgottesdienst. Hier wird deutlich, dass auch dem „gemeinen Volk" priesterliche Würde zukommt.

Auch in den Lesungen, die ja nicht als Berichte über die Zeit damals verstanden werden wollen, sondern uns als Gemeinde meinen, werden wir oft als „Heilige" angesprochen. Nicht, weil wir so perfekt sind, sondern weil Gottes Liebe uns heiligt, ohne Vorbedingung, ohne Bedingung, ohne dass wir etwas dafür leisten müssten. Diese Grundaussage des Christentums übersteigt die Aussage des Grundgesetztes „Die Würde des Menschen ist unantastbar" um ein Vielfaches.

So tut es gut, mit all seinen Fehlern, auch all dem schuldhaften Versagen in der Eucharistiefeier zu Gott kommen zu dürfen und diese Schuld vergeben zu bekommen. Schade ist es, dass diese Vergebung nicht besser spürbar wird, dass die Sündhaftigkeit des Menschen praktisch bis zum Ende des Gottesdienstes Thema bleibt (siehe mein Buch „Eucharistie feiern?").

6. Kirche

Wie in Kapitel 5 ausgeführt, braucht es die Gemeinschaft, braucht es Rituale, um den Glauben bewahren zu können. Ob es die Kirche mit ihrer hierarchischen Verfasstheit, wie wir ihr heute begegnen, braucht, wage ich zu bezweifelt.

Zu groß ist die Macht, die damit verbunden ist und die Gefahr des Machtmissbrauchs, zu wenig ist die eigentliche Botschaft im Blick.

Diese Kirche braucht viele kleine Gemeinschaften, die sich gegenseitig im Glauben und Leben stützen. Sie braucht auch viele verschiedene „Ämter" und Dienste, jede und jeder sollte mit seinen Begabungen dort Platz haben und finden. Den einen zentralen „Priester", der der Eucharistie vorsteht, braucht es meines Erachtens nicht.

Genauso wenig braucht es einen Papst als obersten „Lehrherren", als unfehlbare Entscheidungsinstanz. Was es vielleicht braucht, ist einen Repräsentanten der Gesamtgemeinschaft, der die Liebes- und Friedensbotschaft weltweit gesellschaftlich und politisch vertritt, der alle Christen immer wieder an den Liebesauftrag erinnert. Darauf zu achten ist, dass dieses Amt mit keinerlei Macht verbunden ist.

7. Mein Ideal, meine Vision

Meine Idealvorstellung von Kirche und das Ziel, wohin sie sich entwickeln sollte und damit dem, was mir für meinen Glauben am besten täte orientiert sich an meiner Erfahrung, was mir schon heute gut (und weniger gut) tut und auch dem, was man über die frühe Kirche der ersten Jahrhunderte weiß.

Konkret wären dies „Hauskirchen" von acht bis zwölf Suchenden und Glaubenden, die sich regelmäßig treffen, um einander an ihrem Glauben teilhaben zu lassen, um über sich und ihren Glauben zu reden. Dies erlebe ich bereits jetzt sehr wohltuend.

Um diese Gemeinschaften bilden zu können und Gleichgesinnte kennen zu lernen braucht es die größere Gemeinschaft, die sich auch regelmäßig trifft, das Wort der Bibel hört und auslegt und im „Herrenmahl" Mahlgemeinschaft hält.

Ich glaube, wenn man die Bibel mit gemeinschaftlichen „Auslegungsmethoden" wie zum Beispiel dem Bibel-teilen oder dem Bibliolog in die Mitte des Glaubens stellt, braucht es weder Dogmen, noch das Kirchenrecht, noch die hierarchische Struktur der Kirche, um Fehlinterpretationen und Irrwege zu vermeiden.

Wie die Geschichte quer durch alle Jahrhunderte gezeigt hat, ist die Gefahr des Machtmissbrauchs innerhalb der hierarchischen Strukturen wesentlich größer als ohne sie.

Es braucht dann auch kein „Lehramt", da die Bibel mit den oben genannten Methoden nur schwer „falsch" auszulegen ist, wenn man die „Dreifaltigkeit der Liebe" als unaufgebbare Grundlage nimmt: Gottesliebe, Nächstenliebe, Selbstliebe. Gott ist Liebe, und alles, was er von uns will, ist, dass wir liebende Mitarbeiterinnen und Mitarbeiter an seiner Schöpfung sind.

Mir ist klar, dass diese Vision wohl nicht (zu meinen und den Lebzeiten meiner Kinder und vermutlich auch Enkelkinder) umzusetzen ist, nicht Wirklichkeit werden wird. Die Folge wird, meiner Meinung nach sein, dass die Kirche zumindest in Deutschland zu völliger Bedeutungslosigkeit schrumpfen wird. Und das ist schade, da, wie gesagt, ihre Botschaft das Beste ist, was der Welt geschenkt wurde.

Veränderungen sind nicht nur notwendig, sondern gehören zum Wesen des Menschseins und damit auch zur Kirche:

Intelligenz wird als die Fähigkeit zur Veränderung charakterisiert. Die menschliche Intelligenz ist das Ergebnis sich über viele Generationen hinziehenden natürlichen Auswahl derjenigen, die fähig waren, sich veränderten Umständen anzupassen.
Stephan Hawking

Frag hundert Katholiken, was das Wichtigste in der Kirche sei,
und sie werden antworten: Die Messe.
Frag hundert Katholiken, was das Wichtigste in der Messe sei,
und sie werden antworten: Die Wandlung.
Sag hundert Katholiken, dass das Wichtigste in der Kirche die
Wandlung sei, und sie werden sagen: Nein.
Lothar Zenetti

Tradition ist nicht die Anbetung der Asche, sondern die Weiter-
gabe des Feuers
Jean Jaurès

(Quellen unbekannt)

8. Zusammenfassung

Damit bin ich am Ende meiner Gedanken und Überlegungen an-
gelangt. Sie sollen vor allem Ermutigung zum eigenen Glaubens-
weg sein, die Freude am Glauben (neu) wecken.

Ich freue mich, wenn Sie mir ihre Gedanken dazu mitteilen, auch
über meine anderen Bücher, Siehe die Seiten 19 und 20.. Schrei-
ben Sie mir per mail an: buchkritik3@online.de

In der abschließenden Aufstellung möchte ich Ihnen das Gesagte
noch einmal kurz zusammenfassen:

Mein Glaube (und meine Vision) kurz zusammengefasst

Bibel	Gott	Jesus	Hl. Geist	Liturgie	Kirche	Ideal
Grundlage	ist Liebe	Mensch	Name für die Gegenwart Gottes in unserer Welt	Wichtig, um als leibhafte Wesen glauben zu können	Gemeinschaft	Hausgemeinschaften
Nicht wörtlich gemeint	Schöpfer	lebte voll in der Liebe Gottes			ohne Macht	Versammlung zur Mahlgemeinschaft
Sammlung von Erfahrungen mit Gott	kennt mich liebt mich	verkündete und lebte den liebenden Gott	Kraft, die wir für die Weitergabe der Liebe nutzen können	Sollte uns stärken und gut tun, nicht unsere Sündhaftigkeit ins Zentrum stellen	Ort der Verwirklichung der vielen Begabungen ihrer Mitglieder	Gemeinschaftliches Teilen des Glaubens
Quelle der unseres Wissens von Gott	greift nicht ein in unsere Welt	Wesentlich ist sein Leben und seine Botschaft, nicht sein Kreuzestod				
Gemeinsam auszulegen						Keine Hierarchie, machtlos
Nicht interpretierbar gegen das Gebot der Nächstenliebe		Hat uns durch sein Leben und seine Botschaft befreit				Dienst an allen Menschen

Das Zentrum meines Glaubens: Gott ist Liebe!

Weitere Bücher von Werner Ehlen

Warum ich mich manchmal schäme, katholisch zu sein – aber es noch immer bin

Eine Bilanz, was meines Erachtens in der kath. Kirche falsch läuft und warum sie trotzdem sinngebend ist.
ISBN 9-783 75049 384 1, 56 S., Buch 5,99 €, E-Book 3,99

Irrwege und theologische Sackgassen der kath. Kirche und Orientierung am Zentrum

Fortführung und Konkretisierung des Buches „Warum ich mich manchmal schäme..."
ISBN 9 783 75262 877 7, 52 S., 5,99 €, E-Book 3,99 €

Glaube leicht gemacht – aber nicht light

Das Wesentliche des christlichen Glaubens wird ins Zentrum gerückt – und damit viel unnötiger Ballast abgeworfen
Ein Mut-mach-Buch!
ISBN 9-783-75199-948-9, 28 S., Buch 3,99 €, E-Book 2,99 €

Eucharistie feiern?
Kritische Anmerkungen zur heutigen Form der Eucharistie

Nach kirchlicher Lehrmeinung ist die Eucharistiefeier der Höhepunkt der Woche, der Höhepunkt christlichen Glaubens. Wird sie diesem Anspruch gerecht? Eine Spurensuche
ISBN 9-783-75434-174-2, 32 S., Buch 4,99 €, E-Book 2,99 €

Wissenswertes zu Bibel, Glaube, Kirche

In diesem kleinen Büchlein liefert Werner Ehlen grundlegendes Hintergrundwissen zum Bibelverständnis, zur Zahlensymbolik, zur Hierarchie der Kirche und zur Grundlegung unseres Glaubens.
ISBN 9-783-75574-862-5, 25 S., Buch 4,99 €, E-Book 3,49 €

Will Gott Opfer?
Biblischer Befund und grundsätzliche Überlegungen
Der Opfergedanke ist ein zentraler Bestandteil des Christentums. Aber ist die Bedeutung, die er hat, durch die Bibel und Jesu Leben zu begründen?
ISBN 978-375575-948-5, 46 S., Buch 4,99 €, E-Book 3,49 €

Alltägliche Bilder zum Staunen

Keine Hochglanzbilder, nichts Ungewöhnliches – aber trotzdem eine Anregungen zum Staunen und Wundern
ISBN 9 783 75432 739 5, 132 Seiten mit 109 Bildern, Buch 14,99 €, E-Book 5,99 €

Elfchen

26 Bilder, in der Gedichtform der „Elfchen" meditativ betrachtet
ISBN 978 3 75195 320 7, 55 S., Buch 10,99 €, E-Book 4,99 €

Gedanken durch das Jahr

Impulse, Texte, Überlegungen von A wie Abwarten können bis W wie Wunder.
ISBN 9-783-751-95601-7
108 S., Buch 5,99 €, E-Book 4,49 €

Geschichten vom Leben
Impulse und Überlegungen, verbunden mit Erfahrungen aus der Krankenhausseelsorge
ISBN 9 783 752 62666 7, 88 S., Buch 5,99 €, E-Book 4,49 €

Erlebnisse aus der Krankenhaus- und Notfallseelsorge im
Kontext der Bibel betrachtet
Anhand konkreter Fallbeispiele wird versucht, Leben und Bibel zu verbinden
ISBN 9 783 75432 697 8, 46 S., Buch 5,99 €, E-Book 3,99 €

Meine Perlen der Bibel
Anregungen, Impulse und Wissenswertes zu vielleicht auch nicht ganz so bekannten Bibelstellen
ISBN 9 783 75267 153 7, 56 S., Buch 5,99 €, E-Book 4,49 €

Faszinierende Bilder aus unserem Universum
und einige Hintergrundinformationen
ISBN 9-783-75620-325-3, 104 S., Buch 9,99 €

Faszinierende Einblicke in unser Universum
Fotografien und Erläuterungen
Dem vorhergehenden Buch sehr ähnlich, mit etwas mehr Bildern und vom Informationsaufbau her etwas komplexer
ISBN 9-783-75629-223-3, 72 S., Buch 13,99 €, E-Book 5,99 €

Faszinierendes Universum
für Interessierte leicht verständlich erklärt
Vom Aufbau und Informationsgehalt als Einführung für Interessierte, die sich noch nie mit Astronomie beschäftigt haben!
ISBN 9-783-75687-010-3, 62 S., Buch 11,99 €, E-Book 5,99 €